# Leggiamo insieme storie e attività

**Keldiyorova Sevinch**

© Keldiyorova Sevinch
## Leggiamo insieme storie e attivita
By: Keldiyorova Sevinch
Edition: January '2025
Publisher:
*Taemeer Publications LLC* (Michigan, USA / Hyderabad, India)

**© Keldiyorova Sevinch**

| | | |
|---|---|---|
| Book | : | Leggiamo insieme storie e attivita |
| Author | : | Keldiyorova Sevinch |
| Publisher | : | Taemeer Publications |
| Year | : | '2025 |
| Pages | : | 60 |
| Title Design | : | *Taemeer Web Design* |

# INTRODUZIONE!

Benvenuto!

Vuoi imparare l'italiano in modo semplice, divertente e pratico? Questo libro è stato creato per aiutarti a migliorare la tua conoscenza della lingua e scoprire la ricca cultura italiana. Inoltre, troverai strumenti utili per ripassare e organizzare il tuo apprendimento in modo efficace.

Cosa troverai in questo libro?

✔ Testi brevi e interessanti: Ogni capitolo contiene racconti, dialoghi o descrizioni che ti aiuteranno a leggere e capire l'italiano in modo graduale.

✔ Vocabolario nuovo: Alla fine di ogni testo troverai una lista di parole utili con spiegazioni.

✔ Esercizi interattivi: Domande di comprensione, esercizi vero/falso e completamento di frasi per esercitarti con la lingua.

✔ Curiosità sulla cultura italiana: Imparerai tradizioni, feste e curiosità della vita in Italia.

✔ Sezione riassuntiva alla fine del libro: Troverai una raccolta dei testi principali di ogni capitolo, per ripassare facilmente i contenuti più importanti.

Come usare questo libro?

1. Leggi il testo: Prenditi il tempo per capire il significato generale.
2. Impara le nuove parole: Usa la lista di vocabolario per arricchire il tuo lessico.
3. Fai gli esercizi: Verifica la tua comprensione e pratica la lingua.
4. Ripassa i testi alla fine del libro: Usa la sezione riassuntiva per consolidare ciò che hai imparato.

Buon divertimento e buon apprendimento!

Inizia ora il tuo viaggio nella lingua e nella cultura italiana. Scoprirai che imparare può essere un'esperienza appassionante e coinvolgente!

# Indice

| | | |
|---|---|---|
| 1 | L'Italia nel mondo | 5 |
| 2 | Una giornata italiana | 7 |
| 3 | La storia d'Italia | 9 |
| 4 | Le città più famose d'Italia | 11 |
| 5 | L'architettura italiana | 13 |
| 6 | La musica italiana | 15 |
| 7 | Le feste italiane | 17 |
| 8 | Leonardo da Vinci | 19 |
| 9 | La cucina italiana | 21 |
| 10 | La pizza | 23 |
| 11 | L'arte del caffè italiano | 25 |
| 12 | Il cinema italiano | 27 |

| | | |
|---|---|---|
| 13 | Il teatro italiano | 29 |
| 14 | La letteratura italiana | 31 |
| 15 | Il folclore italiano | 33 |
| 16 | I dialetti italiani | 35 |
| 17 | La moda italiana | 37 |
| 18 | Lo sport in Italia | 39 |
| 19 | I laghi italiani | 41 |
| 20 | Le alpi italiane | 43 |
| 21 | I parchi nazionali italiani | 45 |
| 22 | Il turismo in Italia | 47 |
| 23 | I mestieri italiani | 49 |
| 24 | Le invenzioni italiane | 51 |

# CAPITOLO 1: L'ITALIA NEL MONDO

L'Italia è conosciuta in tutto il mondo per la sua storia, la sua cultura e le sue bellezze naturali. Questo paese, situato nel sud dell'Europa, ha una forma unica che ricorda uno stivale. Uno degli aspetti più famosi dell'Italia è la sua cucina. La pizza, la pasta e il gelato sono amati in tutti i continenti. Oltre al cibo, l'Italia è famosa per la moda, con marchi come Gucci, Prada e Versace, e per il design, soprattutto nel settore automobilistico, con Ferrari e Lamborghini. Anche l'arte e la storia rendono l'Italia speciale. Città come Roma, Firenze e Venezia sono piene di monumenti antichi, musei e chiese famose. Il Colosseo, la Cappella Sistina e il Duomo di Milano sono visitati ogni anno da milioni di turisti.

Ma l'Italia non è solo passato. È anche un paese moderno e innovativo, con una forte presenza nel cinema, nella musica e nello sport. La nazionale di calcio italiana, chiamata "Gli Azzurri", è amata da molti e ha vinto il Campionato del Mondo quattro volte. L'Italia è un luogo unico, dove tradizione e modernità si incontrano, ed è per questo che il mondo la ama.

## Vocabolario nuovo:

**Continente:** una grande area di terra, come Europa o Africa.
**Stivale:** una scarpa alta che copre anche la gamba, ma qui si riferisce alla forma dell'Italia.
**Scelta:** l'atto di decidere tra diverse possibilità.
**Assaggiare:** provare un cibo o una bevanda per sentirne il sapore.
**Conosciuto:** famoso, noto da molte persone.

# Esercizi

## 1. Domande di comprensione:

Quali sono tre cibi italiani famosi in tutto il mondo?

_____

Quali città italiane sono note per la loro arte e storia?

_____

Come si chiama la nazionale di calcio italiana?

_____

Quali marchi italiani sono famosi nella moda?

_____

## 2. Vero o falso:

L'Italia ha la forma di una stella.
Il Colosseo è un monumento famoso a Roma.
Gli Azzurri hanno vinto il Campionato del Mondo quattro volte.
Lamborghini è un marchio italiano di moda.

## 3. Completa le frasi:

L'Italia è conosciuta per la sua _____ e il suo cibo.
La nazionale di calcio italiana si chiama "Gli _____".
Roma, Venezia e Firenze sono città famose per la loro _____.

## Sezione culturale:

L'Italia, un paese di storia

L'Italia è conosciuta come la culla della civiltà occidentale. Con una storia di oltre 2.500 anni, questo paese ha influenzato la cultura, l'arte e la scienza del mondo. Dai Romani, che hanno costruito strade, acquedotti e monumenti straordinari, al Rinascimento, che ha dato al mondo artisti come Leonardo da Vinci e Michelangelo, l'Italia è sempre stata un centro di innovazione e creatività.

# CAPITOLO 2: UNA GIORNATA ITALIANA

Gli italiani hanno molte tradizioni quotidiane. La giornata di solito inizia con la colazione. Gli italiani non mangiano una colazione grande come in altri paesi. Bevono un caffè e mangiano un cornetto o un biscotto.

A metà mattina, molte persone prendono una pausa per un altro caffè al bar. Il bar in Italia è un luogo importante: non è solo per bere, ma anche per parlare con amici o colleghi.

A pranzo, gli italiani spesso mangiano a casa con la famiglia o con i colleghi al lavoro. I pasti sono un momento importante per stare insieme. Il pranzo tradizionale include un primo piatto, come la pasta, un secondo con carne o pesce, e un contorno, come verdure o insalata.

Dopo il lavoro, molte persone fanno una passeggiata. È un momento per rilassarsi, incontrare amici o fare un po' di shopping.

La cena è il pasto più leggero della giornata. Dopo cena, gli italiani spesso guardano la TV o leggono un libro prima di andare a dormire.

## Vocabolario nuovo:

**colazione:** il primo pasto della giornata, fatto al mattino.
**cornetto:** un dolce italiano simile a un croissant.
**bar:** un luogo dove si può bere caffè, mangiare e parlare con le persone.
**passeggiata:** una camminata tranquilla, spesso fatta la sera per rilassarsi.
**pranzo:** il pasto principale della giornata, che si fa a mezzogiorno.

# Esercizi:

### 1. Domande di comprensione:

Cosa mangiano gli italiani a colazione?
_____

Perché il bar è importante in Italia?
_____

Cosa include un pranzo tradizionale?
_____

Cos'è la passeggiata serale?
_____

### 2. Vero o falso:

Gli italiani fanno una colazione grande con carne e verdure.
Il pranzo è un momento importante per stare insieme.
La cena è il pasto principale della giornata.
Dopo il lavoro, molte persone fanno una passeggiata.

### 3. Completa le frasi:

Gli italiani bevono _____ a colazione.
La passeggiata è un momento per _____ e incontrare amici.
Un pranzo tradizionale include pasta, _____ o pesce e verdure.

## Sezione culturale:

Il bar in Italia

IIn Italia, il bar non è solo un luogo dove si prende un caffè, ma è un'istituzione culturale e sociale. Al bar gli italiani iniziano la giornata con una colazione veloce. Durante il giorno, il bar diventa un punto di ritrovo per fare una pausa, chiacchierare con gli amici o semplicemente rilassarsi.

Il bar è anche un luogo inclusivo, dove tutte le generazioni si incontrano, dai giovani che si ritrovano per un aperitivo, fino agli anziani che leggono il giornale e giocano a carte.

# CAPITOLO 3. LA STORIA D'ITALIA

L'Italia è un paese con una lunga e affascinante storia. Una delle epoche più importanti è stata l'Impero Romano, che è nato più di 2.000 anni fa. Roma era la capitale. Gli antichi Romani hanno costruito strade, acquedotti e grandi edifici come il Colosseo.

Dopo la caduta dell'Impero Romano, l'Italia è diventata un insieme di piccoli regni e città-stato. Nel Medioevo, città come Firenze, Venezia e Milano sono diventate ricche e potenti grazie al commercio e all'arte.

Un altro momento importante della storia italiana è stato il Risorgimento, nel XIX secolo, quando l'Italia è diventata unita. Uno degli eroi di questa unificazione è stato Giuseppe Garibaldi, che ha guidato un esercito chiamato "I Mille" per liberare il sud del paese.

Oggi, l'Italia è una repubblica moderna, ma ovunque si possono vedere tracce della sua storia: nei monumenti, nelle opere d'arte e nelle tradizioni che ancora vivono.

## Vocabolario nuovo:

**Affascinante**: qualcosa che attrae molto.
**Costruire**: creare o realizzare un edificio o una struttura.
**Acquedotto**: una struttura utilizzata per trasportare l'acqua da un luogo all'altro.
**Caduta**: il momento in cui qualcosa perde il suo potere o smette di esistere.
**Edificio**: una costruzione destinata a uno scopo, come abitazioni, scuole o uffici.

# Esercizi:
## 1. Domande di comprensione

Quando è nato l'Impero Romano?

Quali strutture hanno costruito gli antichi Romani?

Quali città sono diventate ricche nel Medioevo?

Chi ha guidato l'esercito chiamato "I Mille"?

## 2. Vero o falso

Roma era la capitale dell'Impero Romano.

L'Italia è diventata unita durante il Medioevo.

Firenze, Venezia e Milano erano città importanti nel Medioevo.

Oggi, l'Italia è una monarchia moderna.

## 3. Completa le frasi

L'Impero Romano è nato più di _____ anni fa.

Nel Medioevo, città come _____, Venezia e Milano sono diventate ricche.

Giuseppe Garibaldi ha guidato un esercito chiamato "I _____".

## Sezione culturale: I monumenti dell'antica Roma

L'antica Roma ha lasciato tracce in tutto il territorio italiano. Alcuni dei monumenti: Il Colosseo, è uno dei simboli dell'Italia. Questo anfiteatro poteva ospitare fino a 50.000 spettatori ed era utilizzato per spettacoli pubblici come i combattimenti tra gladiatori. Il Foro Romano, il centro della vita politica, religiosa e sociale dell'antica Roma. L'Appia Antica, una delle prime grandi strade costruite dai Romani, utilizzata per collegare Roma al sud dell'Italia.

# CAPITOLO 4. LE CITTÀ PIÙ FAMOSE D'ITALIA

L'Italia è un paese pieno di città bellissime e ricche di storia. Ogni città ha qualcosa di speciale da offrire e racconta una parte unica della cultura italiana. Roma, la capitale, è conosciuta come la città eterna. È famosa per monumenti come il Colosseo, la Fontana di Trevi e il Vaticano. Passeggiare per Roma significa immergersi nella storia e nell'arte. Firenze, nel cuore della Toscana, è la culla del Rinascimento. Qui si possono ammirare opere d'arte famose, come il David di Michelangelo, e monumenti come il Duomo di Firenze e il Ponte Vecchio. Venezia, la città sull'acqua, è unica al mondo. Le sue gondole, i canali e Piazza San Marco attirano milioni di turisti ogni anno. È una città romantica e affascinante. Milano, invece, è il centro della moda e del design. Qui si trova il Duomo di Milano, uno degli edifici più belli d'Italia, e La Scala, uno dei teatri d'opera più famosi del mondo. Ogni città italiana è un tesoro da scoprire, con la sua storia, il suo cibo e la sua atmosfera unica.

## Vocabolario nuovo:

**Culla:** il luogo di origine o nascita di qualcosa.

**Monumento:** un edificio importante per la storia o la cultura.

**Canale:** un corso d'acqua artificiale o naturale.

**Opera:** un genere musicale teatrale con canto e orchestra.

**Tesoro:** qualcosa di molto prezioso.

# Esercizi:

## 1. Domande di comprensione:

Qual è la città famosa per i suoi canali e le gondole?

_____

In quale città si trova il David di Michelangelo?

_____

Qual è la capitale dell'Italia?

_____

Per cosa è conosciuta Milano?

_____

## 2. Vero o falso:

Il Colosseo si trova a Venezia.

Il Ponte Vecchio è un monumento di Firenze.

La Scala è un teatro d'opera di Roma.

Venezia è conosciuta come la città sull'acqua.

## 3. Completa le frasi:

Firenze è famosa per il _____ e per le sue opere d'arte.

Venezia è una città unica grazie ai suoi _____.

Il Duomo di Milano è uno degli edifici più _____ d'Italia.

# Sezione culturale:

Scoprire le città italiane

Ogni città italiana ha tradizioni, cibi e paesaggi diversi. A Roma, si possono gustare piatti come la carbonara e l'amatriciana. A Venezia, i turisti amano assaggiare il risotto di pesce, mentre a Firenze la bistecca alla fiorentina è il piatto tipico. Molte città italiane organizzano festival e eventi per mostrare la loro cultura. Visitare le città italiane è un viaggio tra storia, arte e tradizioni, un'esperienza che rimane nel cuore di chiunque.

# CAPITOLO 5: L'ARCHITETTURA ITALIANA

L'Italia è famosa in tutto il mondo per la sua architettura straordinaria. Ogni epoca ha lasciato tracce uniche nei monumenti, nelle chiese e nei palazzi che ancora oggi possiamo ammirare. Uno degli stili più importanti è lo stile rinascimentale, nato in Italia nel XV secolo. Questo stile si caratterizza per la simmetria, l'armonia e l'uso delle proporzioni. Un esempio famoso è la Cupola di Brunelleschi, che si trova a Firenze nella Cattedrale di Santa Maria del Fiore. Il barocco, invece, è uno stile ricco e decorativo, nato nel XVII secolo. Le chiese barocche, come la Basilica di San Pietro a Roma, sono piene di dettagli elaborati, statue e affreschi che colpiscono per la loro bellezza. L'Italia è anche nota per la sua architettura moderna. Grandi architetti italiani, come Renzo Piano, hanno creato edifici innovativi, come il Centro Pompidou a Parigi e il Parco della Musica a Roma. I monumenti italiani, dai templi romani come il Pantheon ai grattacieli moderni, raccontano la lunga e ricca storia del paese. L'architettura italiana non è solo storia, ma anche un'espressione di arte e creatività.

## Vocabolario nuovo:

**Monumento**: un edificio o una struttura importante per la storia o la cultura.
**Simmetria**: equilibrio e armonia nella forma di un edificio.
**Affresco**: un dipinto fatto direttamente sul muro o sul soffitto.
**Proporzione**: il rapporto equilibrato tra le parti di un edificio.
**Innovativo:** che introduce idee o tecnologie nuove.

# Esercizi

## 1. Domande di comprensione:

Qual è uno degli stili architettonici nati nel XV secolo in Italia?

___

Quale stile è famoso per le decorazioni ricche ed elaborate?

___

Chi è un architetto italiano famoso per l'architettura moderna?

___

Qual è un esempio di monumento romano famoso?

___

## 2. Vero o falso:

Il barocco è caratterizzato da semplicità e simmetria.
La Cupola di Brunelleschi si trova a Firenze.
3. Renzo Piano è un architetto del periodo rinascimentale.
Gli affreschi sono dipinti fatti sui muri o soffitti.

## 3. Completa le frasi:

Lo stile rinascimentale si caratterizza per _____ e proporzione.
La Basilica di San Pietro è un esempio di architettura _____.
Il _____ è un edificio antico costruito dai Romani.

## Sezione culturale:

I palazzi storici e le chiese famose

L'Italia è ricca di palazzi storici e chiese famose che rappresentano il cuore della sua cultura e della sua storia. A Firenze, il Palazzo Pitti è un esempio di architettura rinascimentale. Era la residenza della famiglia Medici. A Venezia, il Palazzo Ducale è uno dei simboli della città. Costruito in stile gotico, questo palazzo era la sede del governo della Repubblica di Venezia. A Milano, il Duomo di Milano è uno degli esempi più importanti di architettura gotica, con le sue spettacolari guglie.

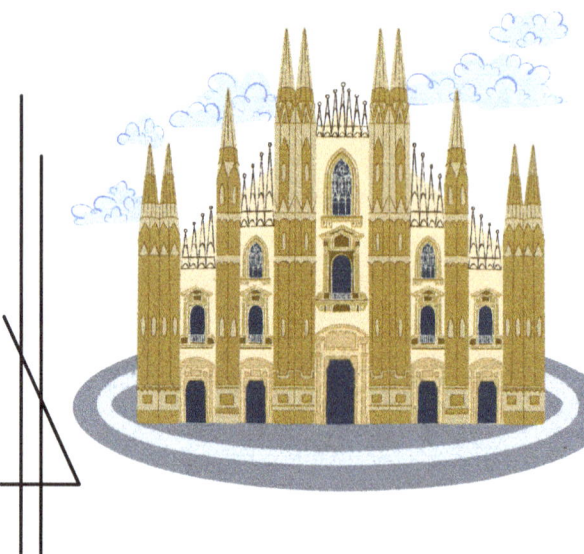

# CAPITOLO 6. LA MUSICA ITALIANA

La musica è una parte importante della cultura italiana. L'Italia è famosa per molti generi musicali, come l'opera, la musica pop e le canzoni tradizionali.

Uno dei musicisti italiani più famosi è Giuseppe Verdi, un grande compositore di opera. Le sue opere, come La Traviata e Aida, sono conosciute in tutto il mondo. Un altro compositore importante è Giacomo Puccini, autore di opere come Tosca e Madama Butterfly.

Anche la musica moderna italiana è molto popolare. Cantanti come Luciano Pavarotti, che era un famoso tenore, e Andrea Bocelli, continuano a portare la musica italiana nel mondo. Nel campo della musica pop, artisti come Eros Ramazzotti, Laura Pausini e Tiziano Ferro sono molto amati.

Un altro elemento importante sono le canzoni tradizionali, come O Sole Mio e Volare. Queste canzoni parlano spesso dell'amore, del sole e della bellezza dell'Italia. La musica italiana è un modo per esprimere emozioni e raccontare storie.

## Vocabolario nuovo:

**Opera:** uno spettacolo musicale con cantanti e orchestra.

**Compositore**: una persona che scrive musica.

**Tenore**: un cantante maschile con una voce molto alta.

**Canzone tradizionale**: una canzone popolare che rappresenta la cultura di un paese.

**Espressione**: il modo in cui si mostrano emozioni o idee.

# Esercizi:

## 1. Domande di comprensione:

Chi era Giuseppe Verdi?

Quali sono le opere più famose di Puccini?

Quali cantanti italiani sono conosciuti per la musica moderna?

Di cosa parlano le canzoni tradizionali italiane?

## 2. Vero o falso:

Giuseppe Verdi era un cantante.
Volare è una canzone tradizionale italiana.
Andrea Bocelli è un compositore di opera.
Le canzoni tradizionali italiane parlano spesso di amore.

## 3. Completa le frasi:

Giuseppe Verdi è un famoso _____ italiano.
La Traviata è un'opera scritta da _____.
La musica italiana è un modo per _____ emozioni.

## Sezione culturale:

L'opera italiana

L'opera è nata in Italia più di 400 anni fa. È uno spettacolo musicale dove cantanti e musicisti raccontano storie con la loro voce e strumenti. Le città italiane hanno alcuni dei teatri d'opera più famosi al mondo, come La Scala di Milano e il Teatro La Fenice di Venezia. L'opera non è solo per esperti: è un'esperienza unica che combina musica, teatro e arte. Ancora oggi, molti turisti visitano l'Italia per assistere a uno spettacolo in un teatro storico.

# CAPITOLO 7. LE FESTE ITALIANE

Le feste italiane riflettono la ricca cultura e le tradizioni del paese. Durante tutto l'anno, gli italiani celebrano feste religiose, storiche e stagionali. Ecco alcune delle più famose: Natale (25 dicembre): Una delle festività più importanti, dedicata alla famiglia e alla religione. Gli italiani decorano alberi di Natale, partecipano alla messa di mezzanotte e condividono piatti tradizionali come il panettone e il pandoro. Pasqua: Celebra la resurrezione di Cristo. Si scambiano uova di cioccolato, e si consuma la "colomba pasquale", un dolce tipico. Carnevale: Conosciuto per i suoi costumi colorati e le maschere, il Carnevale di Venezia è uno dei più famosi al mondo. Ferragosto (15 agosto): Festa estiva per celebrare l'Assunzione di Maria. Gli italiani approfittano di questa giornata per andare al mare, in montagna o organizzare barbecue. Capodanno (31 dicembre): La fine dell'anno si celebra con cenoni, fuochi d'artificio e il tradizionale brindisi di mezzanotte.

Ogni festa offre un'occasione speciale per riunirsi, mangiare insieme e celebrare le tradizioni italiane.

## Vocabolario nuovo:

**Religione:** Sistema di credenze spirituali che ispira molte feste italiane.

**Cenone:** Un grande pasto celebrativo, tipico di Capodanno e Natale.

**Brindisi:** Gesto simbolico di alzare il bicchiere per augurare felicità e salute.

**Celebrazione:** Atto di festeggiare un evento o una ricorrenza importante.

**Fuochi d'artificio:** Spettacolo pirotecnico usato per celebrare eventi festivi

# Esercizi:

## 1. Domande di comprensione:

Qual è la data del Natale?
_____

Quali dolci si mangiano durante il Carnevale?
_____

Dove vanno spesso gli italiani a Ferragosto?
_____

Che cosa fanno le persone durante il Carnevale?
_____

## 2. Vero o falso:

Il Carnevale è famoso a Roma.
A Natale si mangia il panettone.
Ferragosto è una festa invernale.
Durante il Carnevale le persone si mascherano.

## 3. Completa le frasi:

A Natale le città italiane sono decorate con _____.
Il panettone è un dolce tipico del _____.
A Ferragosto, molti italiani vanno al _____ o in montagna.

## Sezione culturale:

Curiosità sulle feste italiane

Le feste italiane non sono solo religiose, ma anche sociali e culturali. Ad esempio, il Carnevale ha origini antichissime, legate ai Saturnali romani, durante i quali si festeggiava la libertà e l'abbondanza. Ferragosto, invece, nasce come festa dell'imperatore Augusto, per celebrare il riposo dopo il raccolto.

Anche le feste religiose, come Natale e Pasqua, sono ricche di tradizioni uniche, come i presepi di Napoli o le processioni del Sud Italia.

# CAPITOLO 8: LEONARDO DA VINCI

Leonardo da Vinci è stato un grande artista italiano. È nato nel 1452 in un piccolo villaggio della Toscana, vicino a Firenze. Leonardo è famoso in tutto il mondo per i suoi dipinti. I suoi quadri più conosciuti sono la *Gioconda* (chiamata anche Monna Lisa) e l'Ultima Cena.

Leonardo non era solo un pittore. Era anche un inventore. Ha creato disegni di macchine, come un elicottero, molto prima che venisse costruito davvero. Amava studiare il corpo umano, gli animali e la natura. Scriveva i suoi appunti in modo speciale: al contrario, così potevano essere letti solo con uno specchio.

Leonardo ha vissuto in un periodo chiamato Rinascimento, un'epoca in cui l'arte e la scienza erano molto importanti. È morto in Francia nel 1519, ma oggi è ricordato come uno dei più grandi geni della storia.

## Vocabolario nuovo:

**Pittore**: una persona che dipinge quadri.
**Inventore**: una persona che crea nuove idee o macchine.
**Disegno**: un'immagine fatta a mano con una matita o una penna.
**Appunti**: note che una persona scrive per ricordare qualcosa.
**Rienascimento**: un periodo storico pieno di arte e scienza.

# Esercizi:

## 1. Domande di comprensione:

Dove è nato Leonardo da Vinci?

_____

Quali sono i dipinti più famosi di Leonardo?

_____

Quali macchine ha disegnato Leonardo?

_____

In quale periodo ha vissuto Leonardo?

_____

## 2. Vero o falso:

Leonardo è nato vicino a Venezia.

La Monna Lisa è un altro nome della Gioconda.

Leonardo scriveva i suoi appunti in modo normale.

Il Rinascimento è un periodo importante per l'arte e la scienza.

## 3. Completa le frasi:

La Gioconda è un _____ famoso.

Leonardo ha disegnato un prototipo di _____.

Il _____ è un periodo di grande arte e scienza.

## Sezione culturale:

Il Rinascimento italiano

Il Rinascimento è stato un periodo molto importante della storia italiana. È iniziato in Italia circa 600 anni fa. Durante questo periodo, molte persone hanno creato opere d'arte e invenzioni. Le città più importanti del Rinascimento erano Firenze, Roma e Venezia.

# CAPITOLO 9. LA CUCINA ITALIANA

La cucina italiana è famosa in tutto il mondo. Ci sono alcuni cibi che tutti conoscono. Ad esempio, la pizza è uno dei simboli dell'Italia. La pizza più famosa è la Margherita, preparata con pomodoro, mozzarella e basilico, che rappresentano i colori della bandiera italiana.

Un altro piatto importante è la pasta. Esistono molti tipi di pasta: spaghetti, penne, tagliatelle e ravioli. In Italia, ogni tipo di pasta si mangia con un sugo diverso. A Bologna, per esempio, si mangiano le lasagne con ragù, mentre a Roma sono famosi gli spaghetti alla carbonara, preparati con uova, guanciale e formaggio.

Non possiamo dimenticare il gelato! In Italia, il gelato è più cremoso di quello che si trova in altri paesi. Ci sono tanti gusti: cioccolato, vaniglia, pistacchio, fragola... ce n'è per tutti i gusti!

La cucina italiana non è solo cibo, è anche tradizione e famiglia. Gli italiani amano mangiare insieme e condividere momenti speciali a tavola. Per loro, il cibo è un modo per celebrare la vita.

## Vocabolario nuovo:

**Condividere**: utilizzare o possedere qualcosa insieme ad altre persone.
**Ragù**: un sugo a base di carne.
**Guanciale**: un tipo di carne di maiale usata per fare la carbonara.
**Gelato**: un dolce freddo e cremoso.
**Tradizione**: un'usanza o un'abitudine che si tramanda nel tempo.

# Esercizi:

## 1. Domande di comprensione:

Qual è la pizza più famosa in Italia?

_____

Quali ingredienti si usano per gli spaghetti alla carbonara?

_____

Quali sono alcuni tipi di pasta italiani?

_____

Perché la cucina italiana è speciale per le famiglie?

_____

## 2. Vero o falso:

La pizza Margherita rappresenta i colori della bandiera italiana.
A Roma sono famose le lasagne con ragù.
Il gelato italiano è meno cremoso di quello di altri paesi.
Gli italiani amano mangiare insieme.

## 3. Completa le frasi:

La pizza _____ è preparata con pomodoro, mozzarella e basilico.
Gli spaghetti alla _____ sono un piatto tipico di Roma.
Per gli italiani, il cibo è un modo per _____ la vita.

## Sezione culturale: La dieta mediterranea

La cucina italiana è parte della dieta mediterranea, considerata una delle più salutari al mondo. Questa dieta si basa su ingredienti freschi e naturali, come olio d'oliva, verdure, frutta, pesce e cereali. Un elemento importante è il vino. L'Italia è uno dei maggiori produttori di vino al mondo, e ogni regione ha le sue specialità, come il Chianti della Toscana o il Prosecco del Veneto. Seguire la dieta mediterranea non è solo una scelta di salute, ma anche un modo per rispettare la natura e le tradizioni.

# CAPITOLO 10: LA PIZZA

La pizza è uno dei piatti più famosi e amati in Italia e nel mondo. La pizza nasce a Napoli, una città del sud Italia, alla fine del 1800. La pizza margherita, con pomodoro, mozzarella e basilico, è la più conosciuta. La sua creazione è legata alla regina Margherita di Savoia, che visitò Napoli e chiese una pizza con i colori della bandiera italiana.

Oggi, la pizza è un piatto che si mangia in tutto il mondo. Ogni regione italiana ha una sua versione della pizza. Ad esempio, a Roma la pizza è più sottile e croccante, mentre a Napoli la pizza ha una crosta alta e soffice. Ogni famiglia ha la propria ricetta, ma gli ingredienti principali sono sempre il pomodoro e la mozzarella.

La pizza è un piatto semplice ma molto gustoso. Gli italiani la mangiano spesso, soprattutto il sabato sera, quando si riuniscono con gli amici o la famiglia. Ogni pizzeria ha il suo segreto per preparare una pizza perfetta.

La pizza è anche un simbolo della convivialità e dell'ospitalità italiana. Mangiare una pizza è un momento di condivisione, dove si chiacchiera, si ride e si trascorre del tempo piacevole con le persone care.

## Vocabolario nuovo:

**Ricetta**: un insieme di istruzioni che spiegano come preparare un piatto.

**Mozzarella**: un formaggio fresco e morbido, tipico dell'Italia.

**Basilico**: una pianta aromatica utilizzata in cucina.

**Convivialità**: l'atmosfera di amicizia e socializzazione tra le persone.

**Pizzeria**: un ristorante che prepara e serve pizza.

# Esercizi:

## 1. Domande di comprensione:

Dove nasce la pizza?
_____

Quali sono gli ingredienti principali della pizza Margherita?
_____

Come è la pizza a Roma?
_____

Quando gli italiani mangiano spesso la pizza?
_____

## 2. Vero o falso:

La pizza nasce a Roma.
La pizza Margherita ha i colori della bandiera italiana.
La pizza napoletana è sottile e croccante.
La pizza è un piatto semplice ma molto gustoso.

## 3. Completa le frasi:

La pizza Margherita ha il colore _____ del pomodoro, il _____ della  e il _____ del basilico.
A Napoli, la pizza ha una crosta _____ e _____.
La pizza è un simbolo di _____ italiana.

## Sezione culturale:

La tradizione della pizza in Italia

La pizza è molto più di un piatto: è una tradizione culturale che fa parte della vita quotidiana degli italiani. La pizzeria è un luogo dove le persone si incontrano, mangiano insieme e si divertono. A Napoli, la pizza è una vera e propria arte. Nel 2017, l'arte della pizza napoletana è stata riconosciuta dall'UNESCO come patrimonio culturale immateriale dell'umanità.

# CAPITOLO 11. L'ARTE DEL CAFFÈ ITALIANO

Il caffè è una parte importante della cultura italiana. Gli italiani non lo considerano solo una bevanda, ma un vero e proprio rituale quotidiano. Il caffè si beve al bar, a casa o dopo i pasti, ed è un momento per rilassarsi e socializzare.

Uno dei caffè più famosi in Italia è l'espresso, servito in una tazzina piccola e con un gusto forte. Un'altra variante popolare è il cappuccino, preparato con espresso, latte caldo e schiuma di latte. Gli italiani lo bevono spesso a colazione, accompagnato da un cornetto.

Ogni regione italiana ha le sue tradizioni. Ad esempio, a Napoli il caffè ha un gusto intenso e si prepara con una macchina tradizionale chiamata caffettiera napoletana. A Trieste, invece, ci sono tanti modi per ordinare un caffè, come il "capo in B", una piccola dose di cappuccino servita in bicchiere.

Anche il "caffè sospeso" è una tradizione interessante: nasce a Napoli ed è un gesto di solidarietà. Quando una persona ordina un caffè, può pagarne uno in più per chi non può permetterselo.

Il caffè è simbolo di ospitalità e di buon gusto. Ogni tazzina racconta un po' della cultura e dello stile di vita italiano.

## Vocabolario nuovo:

**Tazzina**: una piccola tazza usata per servire il caffè.

**Schiuma**: la parte cremosa e soffice che si trova sopra il cappuccino.

**Solidarietà**: un sentimento di aiuto e sostegno verso gli altri.

**Bicchiere**: un contenitore di vetro usato per servire bevande.

**Rituasle**: un'azione ripetuta, spesso con significato culturale o simbolico.

# Esercizi:

### 1. Domande di comprensione:

Cos'è l'espresso e come viene servito?

_____

Quali sono gli ingredienti del cappuccino?

_____

Cos'è il "caffè sospeso" e dove nasce questa tradizione?

_____

Quali differenze ci sono nel caffè tra Napoli e Trieste?

_____

### 2. Vero o falso:

Gli italiani bevono spesso il cappuccino a pranzo.
A Napoli si usa una caffettiera tradizionale per fare il caffè.
Il caffè sospeso è un gesto di solidarietà.
Gli italiani considerano il caffè solo una bevanda.

### 3. Completa le frasi:

L'espresso si serve in una tazzina _____.
Il cappuccino si prepara con caffè, latte caldo e _____ di latte.
Il caffè sospeso è una tradizione che nasce a _____.

## Sezione culturale:

Il caffè e i bar in Italia

In Italia, il bar è un luogo speciale dove le persone si incontrano per bere il caffè. Ogni città ha i suoi bar storici. A Roma, ad esempio, c'è il famoso Sant'Eustachio, vicino al Pantheon, a noto per il suo caffè speciale. A Venezia, il Caffè Florian, aperto nel 1720, è uno dei bar più antichi d'Europa. Il caffè in Italia non è solo una bevanda, ma un simbolo di socialità, tradizione e gusto. Bere un caffè significa vivere un piccolo momento di felicità.

# CAPITOLO 12: IL CINEMA ITALIANO

Il cinema italiano è famoso in tutto il mondo per la sua qualità e creatività. Una delle epoche più importanti del cinema italiano è stata il Neorealismo, un movimento nato dopo la Seconda Guerra Mondiale. I registi neorealisti, come Vittorio De Sica e Roberto Rossellini, raccontavano storie di persone semplici e della loro vita quotidiana. Un film molto conosciuto di questo periodo è Ladri di biciclette.

Negli anni successivi, il cinema italiano ha continuato a brillare grazie a grandi registi come Federico Fellini, che ha diretto film famosi come La dolce vita. Anche il genere della commedia italiana ha avuto molto successo, con attori come Totò e Alberto Sordi.

Oggi, il cinema italiano è apprezzato per la sua varietà di generi, dai film drammatici ai documentari. Ogni anno, in Italia si organizzano festival cinematografici importanti, come il Festival del Cinema di Venezia, uno dei più antichi e prestigiosi al mondo.

Guardare un film italiano è un modo meraviglioso per conoscere la cultura, la storia e le tradizioni di questo paese.

## Vocabolario nuovo:

**Neorealismo**: un movimento cinematografico che racconta storie della vita reale.

**Regista**: la persona che dirige un film.

**Commedia**: un genere cinematografico che fa ridere.

**Festival**: un evento dedicato a un'arte, come il cinema o la musica.

**Prestigioso**: qualcosa di importante e rispettato.

## Esercizi:

### 1. Domande di comprensione:

Cosa raccontano i film neorealisti?

___

Qual è il nome di un regista famoso del Neorealismo?

___

Qual è il festival cinematografico più importante in Italia?

___

Quale regista ha diretto La dolce vita?

___

### 2. Vero o falso:

Il Neorealismo racconta storie di fantasia.
Fellini è famoso per il Neorealismo.
Il Festival del Cinema di Venezia è uno dei più antichi al mondo.
Totò è stato un famoso regista italiano.

### 3. Completa le frasi:

Il Neorealismo racconta la vita di persone _____.
Il film La dolce vita è stato diretto da _____.
Il Festival del Cinema di _____ è molto prestigioso.

## Sezione culturale:

I film italiani più famosi

L'Italia ha prodotto molti film che sono diventati famosi in tutto il mondo. Alcuni esempi sono: La vita è bella, un film di Roberto Benigni che racconta una storia emozionante durante la Seconda Guerra Mondiale. Nuovo Cinema Paradiso, un film che celebra l'amore per il cinema e l'amicizia. Anche oggi, il cinema italiano continua a ricevere premi e riconoscimenti internazionali. Guardare film italiani è un viaggio culturale che permette di scoprire la bellezza e la complessità di questo paese.

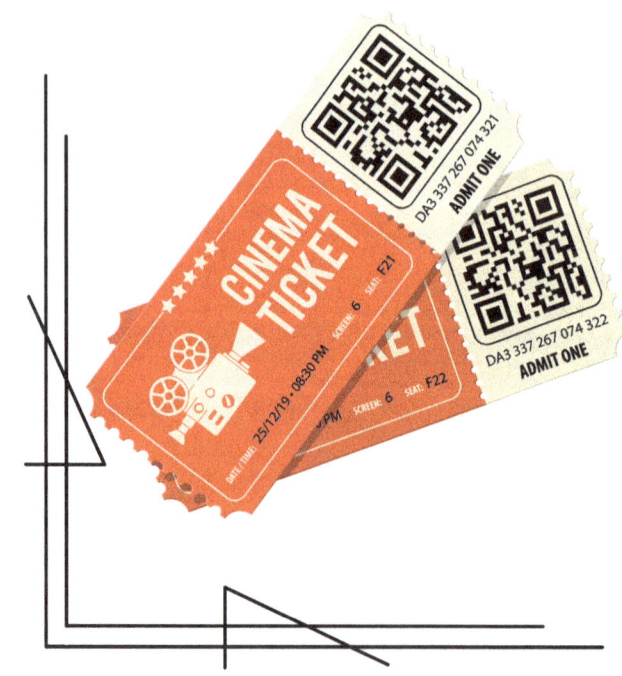

# CAPITOLO 13. IL TEATRO ITALIANO

Il teatro è una parte importante della cultura italiana. Fin dall'antichità, gli italiani hanno amato il teatro, un luogo dove si raccontano storie, si cantano canzoni e si emozionano le persone. Nell'antica Roma, i teatri romani erano grandi costruzioni all'aperto dove si rappresentavano commedie e tragedie. Oggi, alcuni di questi teatri, come l'Arena di Verona, vengono ancora usati per spettacoli ed eventi. Durante il Rinascimento, in Italia è nata la commedia dell'arte, una forma di teatro molto divertente. Gli attori usavano maschere e costumi colorati per raccontare storie comiche. Personaggi come Arlecchino, con il suo costume a rombi, e Pulcinella, una figura buffa e ironica, sono diventati famosi in tutto il mondo. Anche l'opera lirica, un tipo di spettacolo teatrale con musica e canto, è nata in Italia. Grandi compositori come Giuseppe Verdi e Giacomo Puccini hanno scritto opere famose, rappresentate nei teatri più importanti, come il Teatro alla Scala di Milano. Oggi, il teatro italiano continua a vivere con spettacoli moderni e tradizionali. In ogni città ci sono teatri dove è possibile scoprire la magia di questa forma d'arte.

## Vocabolario nuovo:

**Incendio:** un grande fuoco che distrugge edifici.
**Rinascita:** il ritorno alla vita, al successo dopo un periodo difficile.
**Magia:** qualcosa di speciale e straordinario che affascina.
**Maschera:** un oggetto che copre il viso, usato nel teatro per rappresentare personaggi.
**Spettacolo:** un evento artistico, come una rappresentazione teatrale o un concerto.

# Esercizi:

### 1. Domande di comprensione:

Quali erano i teatri usati nell'antica Roma?

Qual è un personaggio famoso della commedia dell'arte?

Dove si trova il Teatro alla Scala?

Cos'è l'opera lirica?

### 2. Vero o falso:

La commedia dell'arte usa maschere e costumi colorati.
L'opera lirica è nata in Francia.
L'Arena di Verona è un antico teatro romano.
Pulcinella è un personaggio serio della commedia dell'arte.

### 3. Completa le frasi:

La _____ dell'arte è una forma di teatro comico italiano.
Il Teatro alla Scala si trova nella città di _____.
Gli spettacoli nell'_____ di Verona attirano molti turisti.

## Sezione culturale: I teatri più famosi d'Italia

L'Italia è piena di teatri storici e famosi. Uno dei più conosciuti è il Teatro alla Scala di Milano, inaugurato nel 1778. È uno dei luoghi più importanti al mondo per l'opera lirica. A Venezia si trova il Teatro La Fenice, un teatro elegante dove vengono rappresentate opere e concerti. Nonostante gli incendi che lo hanno distrutto più volte, La Fenice è stata sempre ricostruita e rimane un simbolo di rinascita. L'Arena di Verona è un antico anfiteatro romano, famoso per i suoi spettacoli all'aperto. Ogni estate, qui si tengono concerti e opere, offrendo un'esperienza unica sotto le stelle.

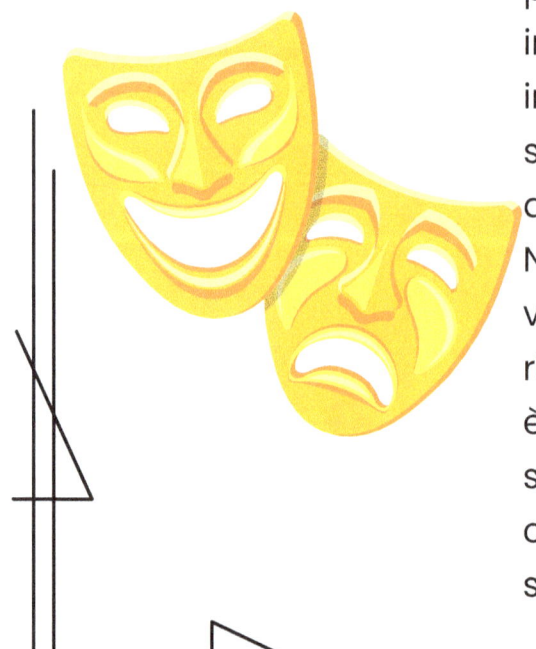

# CAPITOLO 14: LA LETTERATURA ITALIANA

La letteratura italiana è famosa in tutto il mondo per le sue opere ricche di emozione, bellezza e storia. Gli scrittori italiani hanno creato capolavori che raccontano la vita, l'amore, e la società del loro tempo. Uno degli autori più importanti è Dante Alighieri, considerato il "padre della lingua italiana". La sua opera più famosa, La Divina Commedia, è un poema scritto nel XIV secolo. Racconta un viaggio immaginario attraverso l'Inferno, il Purgatorio e il Paradiso, ed è una delle opere più studiate e ammirate al mondo. Un altro grande scrittore è Alessandro Manzoni, autore de I Promessi Sposi, un romanzo ambientato nel XVII secolo che racconta le difficoltà e l'amore di due giovani, Renzo e Lucia. Questo libro è considerato il capolavoro della letteratura italiana del XIX secolo. La letteratura italiana ha anche poeti famosi, come Giacomo Leopardi, che ha scritto poesie piene di sentimento e riflessione sulla vita e la natura. Nel Novecento, autori come Italo Calvino e Primo Levi hanno scritto libri moderni e profondi. Calvino è famoso per il suo romanzo Il barone rampante, mentre Levi ha raccontato la sua esperienza durante la Seconda Guerra Mondiale nel libro Se questo è un uomo. Oggi, la letteratura italiana continua a emozionare con storie che parlano del passato, del presente e delle speranze per il futuro.

## Vocabolario nuovo:

**Capolavoro:** un'opera straordinaria e molto importante.
**Poema**: un lungo testo poetico, spesso scritto in versi.
**Romanzo**: un libro che racconta una storia lunga e immaginaria.
**Riflettere**: pensare profondamente su un tema o una situazione.
**Esperienza**: un evento o una serie di eventi vissuti da una persona.

# Esercizi:

### 1. Domande di comprensione:

Qual è l'opera più famosa di Dante Alighieri?

_____

Chi sono Renzo e Lucia?

_____

Di cosa parla il libro Se questo è un uomo?

_____

Quali autori sono famosi per le loro poesie?

_____

### 2. Vero o falso:

I Promessi Sposi è un poema.
Dante è considerato il padre della lingua italiana.
Giacomo Leopardi ha scritto Il barone rampante.
La letteratura italiana racconta storie ricche di emozione e storia.

### 3. Completa le frasi:

La Divina Commedia è un _____ scritto da Dante Alighieri.
I Promessi Sposi è un _____ ambientato nel XVII secolo.
Giacomo Leopardi è famoso per le sue _____

## Sezione culturale:

Le opere italiane nel mondo

La letteratura italiana non è solo importante in Italia, ma è apprezzata in tutto il mondo. Molti autori italiani hanno influenzato la cultura globale con le loro opere. Oggi, leggere un libro italiano significa scoprire un pezzo della cultura e della storia di questo paese straordinario.

# CAPITOLO 15. IL FOLKLORE ITALIANO

Il folklore italiano è una parte importante della cultura del paese. Ogni regione ha le sue tradizioni, leggende e feste che raccontano storie antiche e celebrano la vita quotidiana.

In Puglia, la taranta o pizzica è una danza tradizionale che ha origini antiche. Si credeva che questa danza aiutasse a liberare le persone dal morso di una tarantola. Oggi, la pizzica è una forma di festa e un simbolo della cultura pugliese.

In Sicilia, ci sono molte leggende popolari, come quella di Colapesce, un ragazzo che, secondo la tradizione, sostiene la Sicilia sotto il mare. Questa storia è raccontata ancora oggi durante le feste e le rappresentazioni teatrali.

In Toscana, si celebrano i Maggi, feste primaverili con canti e poesie per accogliere la nuova stagione. Questi eventi sono pieni di musica, balli e colori che ricordano l'importanza della natura nella vita quotidiana.

Il folklore italiano si esprime anche nei costumi tradizionali, nei canti e nelle storie tramandate di generazione in generazione. Ogni angolo d'Italia ha qualcosa di unico da offrire, mantenendo vive le sue radici culturali.

## Vocabolario nuovo:

**Folklore:** l'insieme delle tradizioni, delle leggende e delle usanze di un popolo.

**Stagione:** uno dei quattro periodi dell'anno (primavera, estate, autunno, inverno).

**Processione:** un evento religioso o tradizionale in cui le persone camminano insieme per celebrare qualcosa.

**Tramandare**: trasmettere qualcosa da una generazione

**Importanza:** qualità di essere significativo o necessario.

# Esercizi:

## 1. Domande di comprensione:

Cos'è la pizzica e dove si balla?

_____

Qual è la leggenda di Colapesce?

_____

Cosa sono i Maggi e dove si celebrano?

_____

Quali elementi esprimono il folklore italiano?

_____

## 2. Vero o falso:

La pizzica è una danza della Toscana.

Colapesce è una leggenda della Sicilia.

I Maggi celebrano l'inverno.

Il folklore italiano include costumi tradizionali.

## 3. Completa le frasi:

La _____ è una danza tradizionale che si balla in Puglia.

La leggenda di Colapesce è legata alla regione _____.

Il folklore italiano mantiene vive le sue radici _____.

## Sezione culturale: Le feste tradizionali italiane

Le feste tradizionali italiane sono un momento per celebrare il folklore e la cultura. Una delle più famose è il Palio di Siena, una corsa di cavalli che si tiene ogni estate in Toscana. Un'altra celebrazione importante è la Festa di Sant'Agata a Catania. Questa festa religiosa attira migliaia di persone che partecipano a processioni e spettacoli pirotecnici. In Sardegna, invece, il Carnevale di Mamoiada è noto per le maschere tradizionali dei "Mamuthones" e degli "Issohadores". Queste feste non sono solo momenti di divertimento, ma anche un modo per mantenere vive le tradizioni.

# CAPITOLO 16: I DIALETTI ITALIANI

In Italia, oltre alla lingua italiana, si parlano molti dialetti. I dialetti sono varianti linguistiche usate in specifiche regioni o città. Ogni regione ha il proprio dialetto, che riflette la storia, la cultura e le tradizioni locali.

Ad esempio, in Veneto si parla il veneto, un dialetto molto musicale. A Napoli, le persone usano il napoletano, famoso in tutto il mondo grazie alle canzoni come "O Sole Mio". In Sicilia, il siciliano è ricco di parole di origine araba, greca e spagnola, a causa della storia dell'isola.

Anche se l'italiano è la lingua ufficiale, i dialetti sono ancora molto usati, soprattutto tra le persone anziane o nelle piccole città. In alcune regioni, il dialetto si mescola con l'italiano, creando un modo di parlare unico.

Oggi, i dialetti sono considerati un patrimonio culturale importante. Molti scrittori, poeti e musicisti italiani hanno usato i dialetti nelle loro opere per rappresentare meglio la cultura locale. I dialetti rendono l'Italia un paese ricco di diversità linguistica.

## Vocabolario nuovo:

**Dialetto**: una variante locale di una lingua parlata in una regione.

**Patrimonio**: qualcosa di prezioso che appartiene a una cultura o a un popolo.

**Origine**: il punto di partenza o la storia di qualcosa.

**Rappresentare**: mostrare o essere simbolo di qualcosa.

**Mescolare**: combinare o unire due o più elementi.

# Esercizi:

## 1. Domande di comprensione:

Cos'è un dialetto?

Quali sono alcuni dialetti italiani menzionati nel testo?

Dove si usa ancora molto il dialetto?

Perché i dialetti sono importanti per la cultura italiana?

## 2. Vero o falso:

I dialetti si parlano solo nelle grandi città.
Il siciliano ha parole di origine araba.
In Veneto si parla il napoletano.
I dialetti sono parte del patrimonio culturale italiano.

## 3. Completa le frasi:

In Sicilia si parla il _____, un dialetto con parole di origine araba.
I dialetti sono usati soprattutto nelle _____ città.
I dialetti riflettono la _____ e la storia delle regioni italiane.

## Sezione culturale:

La ricchezza dei dialetti italiani

L'Italia è uno dei paesi con la maggiore varietà di dialetti in Europa. Prima dell'unificazione d'Italia, nel 1861, non esisteva una lingua ufficiale e ogni regione parlava il proprio dialetto. Oggi, i dialetti sono studiati e preservati come parte della ricchezza linguistica italiana. Alcuni festival e spettacoli teatrali celebrano proprio la lingua e la cultura dei dialetti. Questo dimostra quanto siano importanti per mantenere vive le tradizioni locali.

# CAPITOLO 17. LA MODA ITALIANA

La moda italiana è famosa in tutto il mondo per il suo stile, la qualità e l'eleganza. Alcuni dei marchi più conosciuti, come Gucci, Prada, Armani e Versace, sono simboli del lusso e del design italiano.

Milano è considerata la capitale della moda italiana. Ogni anno, la città ospita la Settimana della Moda, un evento dove stilisti italiani e internazionali presentano le loro nuove collezioni. Durante questa settimana, la città si riempie di sfilate, eventi e persone appassionate di moda.

La moda italiana non è solo alta moda. Anche i vestiti e gli accessori per tutti i giorni, come le scarpe di qualità e le borse artigianali, sono molto apprezzati. L'Italia è famosa per il Made in Italy, che rappresenta prodotti fatti con materiali di alta qualità e grande attenzione ai dettagli.

Oltre ai grandi marchi, in Italia ci sono anche molti piccoli artigiani che producono abiti, scarpe e gioielli unici. La moda, in Italia, è una forma d'arte che unisce tradizione e innovazione.

## Vocabolario nuovo:

**Stilista**: una persona che crea vestiti o accessori.

**Sfilata**: un evento dove i modelli mostrano i nuovi vestiti di uno stilista.

**Collezione**: un gruppo di vestiti o accessori creati per una stagione.

**Artigiano**: una persona che crea prodotti a mano.

**Made in Italy:** un'etichetta che indica che il prodotto è stato fatto in Italia con alta qualità.

## Esercizi:

### 1. Domande di comprensione:

Quali sono alcuni marchi famosi della moda italiana?

_____

Qual è la città italiana considerata la capitale della moda?

_____

Cosa rappresenta il "Made in Italy"?

_____

Chi sono gli artigiani e cosa producono?

_____

### 2. Vero o falso:

Milano è la città della Settimana della Moda.
La moda italiana è solo alta moda.
Gli artigiani italiani producono vestiti fatti a mano.
Il "Made in Italy" rappresenta prodotti di bassa qualità.

### 3. Completa le frasi:

La moda italiana è famosa per il suo stile, _____ e qualità.
La Settimana della Moda si svolge ogni anno a _____.
Il "Made in Italy" rappresenta prodotti fatti con materiali di alta _____.

## Sezione culturale: La Settimana della Moda di Milano

È uno degli eventi più importanti per il mondo della moda. Si svolge due volte l'anno, a febbraio e a settembre, e presenta le collezioni. Durante questo evento, stilisti italiani come Giorgio Armani, Donatella Versace e Dolce & Gabbana mostrano le loro nuove creazioni. La Settimana della Moda attira visitatori da tutto il mondo: giornalisti, influencer, fotografi e appassionati di moda. È un momento in cui la creatività italiana brilla e conferma l'Italia come una delle capitali globali dello stile.

# CAPITOLO 18. LO SPORT IN ITALIA

In Italia, lo sport è una parte importante della cultura e della vita quotidiana. Il calcio è senza dubbio lo sport più amato. Le persone tifano per squadre famose come la Juventus, il Milan, l'Inter o la Roma. Ogni domenica, gli stadi si riempiono di tifosi che cantano e sostengono la loro squadra del cuore. La nazionale italiana di calcio, chiamata Gli Azzurri, ha vinto il Campionato del Mondo quattro volte, l'ultima nel 2006.

Oltre al calcio, gli italiani praticano anche altri sport. Il ciclismo è molto popolare, soprattutto grazie al Giro d'Italia, una delle gare ciclistiche più famose al mondo. Ogni anno, i ciclisti percorrono migliaia di chilometri attraverso le montagne e le città italiane.

Anche la pallavolo, il basket e il tennis sono sport molto seguiti. L'Italia ha campioni internazionali come Matteo Berrettini e Jannik Sinner nel tennis. Inoltre, gli italiani amano gli sport invernali come lo sci, soprattutto nelle Alpi e negli Appennini.

Infine, ci sono gli sport tradizionali, come il pallone col bracciale, un gioco antico che si pratica in alcune regioni. Lo sport in Italia non è solo competizione, ma anche un momento per stare insieme, divertirsi e vivere grandi emozioni.

## Vocabolario nuovo:

**Atleta**: una persona che pratica uno sport.

**Allenatore**: una persona che guida e prepara una squadra.

**Medaglia**: un premio dato ai vincitori di una competizione.

**Partita**: un incontro tra due squadre o due atleti.

**Squadra**: un gruppo di persone che giocano insieme nello stesso sport.

## Esercizi:

### 1. Domande di comprensione:

Qual è lo sport più amato in Italia?
_____

Come si chiama la nazionale italiana di calcio?
_____

Qual è la gara di ciclismo più famosa in Italia?
_____

Quali sport invernali si praticano nelle Alpi italiane?
_____

### 2. Vero o falso:

La nazionale italiana di calcio ha vinto tre volte il Campionato del Mondo.
Il Giro d'Italia è una gara di ciclismo.
Gli sport invernali sono poco praticati in Italia.
Il pallone col bracciale è uno sport moderno.

### 3. Completa le frasi:

Gli italiani tifano per squadre di _____ come la Juventus e il Milan.
Il _____ d'Italia è una gara di ciclismo molto famosa.
Lo _____ è uno degli sport più praticati nelle Alpi italiane.

## Sezione culturale:

Il Giro d'Italia

È uno degli eventi sportivi più importanti. La gara è nata nel 1909 e si svolge a maggio. I ciclisti percorrono più di 3.000 chilometri attraverso città, montagne e paesaggi. Ma il Giro d'Italia non è solo una gara: è anche una celebrazione dell'Italia, della sua bellezza e della sua passione per lo sport. Le maglie indossate dai ciclisti hanno significati particolari. La più famosa è la maglia rosa, è diventato un simbolo del ciclismo italiano

# CAPITOLO 19: I LAGHI ITALIANI

In Italia ci sono molti laghi belli e famosi. I laghi italiani sono perfetti per rilassarsi, fare sport o passeggiare nella natura.

Il Lago di Garda è il lago più grande d'Italia. Si trova tra tre regioni: Lombardia, Veneto e Trentino-Alto Adige. Intorno al lago ci sono montagne e piccoli paesi. Qui le persone possono fare passeggiate, nuotare o andare in barca.

Il Lago di Como, in Lombardia, è famoso per le sue ville eleganti e i bellissimi giardini. Molte persone famose visitano questo lago ogni anno.

Il Lago Maggiore si trova tra Piemonte, Lombardia e Svizzera. È famoso per le Isole Borromee, delle piccole isole con giardini e palazzi.

Il Lago Trasimeno, in Umbria, è un lago tranquillo circondato da colline. Le persone vengono qui per riposarsi e godersi la natura.

I laghi italiani sono posti speciali, dove si può scoprire la bellezza dell'Italia.

## Vocabolario nuovo:

**Lago:** grande specchio d'acqua circondato dalla terra.

**Passeggiata**: camminare per rilassarsi.

**Godersi**: provare piacere in qualcosa, rilassarsi e divertirsi.

**Scoprire**: trovare o conoscere qualcosa di nuovo.

**Isola:** terra circondata dall'acqua.

# Esercizi:

### 1. Domande di comprensione:

Qual è il lago più grande d'Italia?
_____

Dove si trovano le Isole Borromee?
_____

Qual è il lago famoso per le ville eleganti?
_____

In quale regione si trova il Lago Trasimeno?
_____

### 2. Vero o falso:

Il Lago di Garda si trova solo in Lombardia.
Il Lago di Como è visitato da molte persone famose.
Il Lago Maggiore si trova anche in Svizzera.
Il Lago Trasimeno è famoso per le sue isole.

### 3. Completa le frasi:

Il Lago di Garda è il lago più _____ d'Italia.
Il Lago di Como è famoso per le sue _____ eleganti.
Le Isole Borromee si trovano nel Lago _____.

## Sezione culturale:

I laghi e la natura

I laghi italiani sono circondati da natura bellissima. Sul Lago di Garda ci sono montagne dove le persone fanno escursioni. Sul Lago Maggiore, invece, si possono visitare i giardini delle isole. Infine, i laghi italiani sono anche luoghi di relax e cultura. Durante l'estate, molte località organizzano eventi e festival lungo le rive, come concerti, mostre e mercati tipici.

# CAPITOLO 20: LE ALPI ITALIANE

Le Alpi sono una delle catene montuose più famose d'Europa e si trovano anche nel nord dell'Italia. Queste montagne sono un luogo speciale per chi ama la natura, lo sport e la tranquillità.

In inverno, le Alpi italiane sono perfette per sciare. Molte persone visitano località come Cortina d'Ampezzo o Madonna di Campiglio per praticare sci, snowboard o semplicemente ammirare il paesaggio innevato. In estate, invece, le Alpi offrono tante possibilità per fare escursioni, camminare nei boschi e respirare aria fresca.

Oltre alla natura, le Alpi sono famose anche per il cibo. Nelle regioni alpine si possono gustare piatti tradizionali come la polenta, i formaggi locali e il cioccolato. Ogni valle ha le sue tradizioni culinarie e i suoi prodotti tipici.

Le Alpi non sono solo natura, ma anche storia. Durante la Prima Guerra Mondiale, molte battaglie si sono svolte in queste montagne. Oggi è possibile visitare musei e sentieri storici per conoscere meglio questo periodo.

Le Alpi sono un luogo magico, dove la natura e la cultura si incontrano. Che sia per una vacanza sportiva o per rilassarsi, le Alpi italiane sono una meta indimenticabile.

## Vocabolario nuovo:

**Catena montuosa:** un gruppo di montagne collegate tra loro.

**Località**: un piccolo luogo famoso per il turismo o le vacanze.

**Escursione**: una camminata o un viaggio breve nella natura.

**Polenta**: un piatto tradizionale fatto con farina di mais.

**Sentiedro storico:** un percorso che racconta eventi del passato.

# Esercizi:

### 1. Domande di comprensione:

Dove si trovano le Alpi italiane?

_____

Quali sport si possono praticare in inverno nelle Alpi?

_____

Qual è un piatto tipico delle Alpi?

_____

Cosa si può visitare per conoscere la storia delle Alpi?

_____

### 2. Vero o falso:

Le Alpi si trovano nel sud dell'Italia.

In estate, nelle Alpi si può sciare.

La polenta è un piatto tradizionale delle Alpi.

Durante la Prima Guerra Mondiale, molte battaglie si sono svolte nelle Alpi.

### 3. Completa le frasi:

Le Alpi italiane si trovano nel _____ del paese.

In inverno, molti turisti praticano _____.

La _____ è un piatto tradizionale fatto con farina di mais.

## Sezione culturale:

Le tradizioni alpine

Le Alpi italiane non sono solo paesaggi e sport, ma anche cultura e tradizioni. Durante l'anno, molte feste si svolgono nella montagna. Una delle più famose è la Festa della Transumanza. Un'altra tradizione alpina è la produzione di formaggi come il fontina e il taleggio, che sono conosciuti in tutto il mondo. Le tradizioni delle Alpi rappresentano un legame con la natura e il passato, rendendo queste montagne unico al mondo.

# CAPITOLO 21: I PARCHI NAZIONALI ITALIANI

L'Italia è famosa non solo per la sua storia e cultura, ma anche per la sua natura. I parchi nazionali italiani proteggono paesaggi spettacolari, animali rari e piante uniche. Ce ne sono 25 in tutto il paese, dalle Alpi al sud.

Uno dei parchi più antichi è il Parco Nazionale del Gran Paradiso, situato nelle Alpi tra Piemonte e Valle d'Aosta. Qui si possono vedere stambecchi, aquile e bellissimi laghi di montagna. Questo parco è famoso anche per le sue alte vette e i sentieri per escursioni. Al centro dell'Italia, il Parco Nazionale dei Monti Sibillini protegge paesaggi ricchi di storia e leggende. È famoso per i campi di fiori a Castelluccio, un piccolo villaggio circondato da colline colorate in primavera. Nel sud, troviamo il Parco Nazionale del Cilento, in Campania. Questo parco è vicino al mare e comprende siti archeologici come Paestum. È un luogo speciale, dove natura e storia si incontrano. I parchi nazionali italiani non sono solo luoghi da visitare, ma anche importanti per la conservazione della natura. Ogni parco offre esperienze uniche, come escursioni, passeggiate o semplicemente momenti di relax.

## Vocabolario nuovo:

**Stambecco:** un animale selvatico con grandi corna che vive sulle montagne.

**Sentiero:** un percorso naturale usato per camminare o fare escursioni.

**Leggenda:** una storia antica che spesso unisce fantasia e realtà.

**Conservazione:** la protezione di piante, animali e paesaggi naturali.

**Archeologico:** legato ai resti di antiche civiltà o monumenti storici.

# Esercizi:

## 1. Domande di comprensione:

Qual è uno dei parchi nazionali più antichi in Italia?

_____

Dove si trovano i campi di fiori colorati a Castelluccio?

_____

Quale parco nazionale include siti archeologici come Paestum?

_____

Perché i parchi nazionali sono importanti?

_____

## 2. Vero o falso:

Il Parco del Gran Paradiso si trova al sud dell'Italia.
Castelluccio è famoso per i suoi fiori in primavera.
Il Parco Nazionale del Cilento si trova vicino al mare.
I parchi nazionali sono solo per turisti.

## 3. Completa le frasi:

Gli _____ vivono nelle montagne del Gran Paradiso.
Castelluccio è un villaggio nel Parco Nazionale dei _____.
Il Parco del Cilento protegge sia la natura che i siti _____.

## Sezione culturale:

I parchi più visitati in Italia

Tra i parchi nazionali italiani, alcuni sono particolarmente popolari. Il Parco Nazionale delle Cinque Terre, in Liguria, è famoso per i suoi villaggi colorati sul mare e i sentieri panoramici. È un luogo perfetto per camminare e scoprire la bellezza della costa italiana. Un altro parco molto visitato è il Parco Nazionale del Vesuvio, vicino a Napoli. Questo parco è unico perché protegge il famoso vulcano Vesuvio. I turisti possono salire fino al cratere per ammirare una vista.

# CAPITOLO 22. IL TURISMO IN ITALIA

L'Italia è una delle mete turistiche più amate al mondo. Con i suoi paesaggi, le città storiche e la sua cultura unica, offre esperienze indimenticabili. Ogni anno, milioni di persone visitano l'Italia per ammirare monumenti, gustare piatti tipici e vivere l'atmosfera italiana. Le città come Roma, Firenze e Venezia sono famose per la loro storia e arte. Il Colosseo, il Duomo di Firenze e Piazza San Marco sono solo alcuni dei luoghi più visitati. Ma l'Italia non è solo grandi città: i borghi, come Alberobello e Civita di Bagnoregio, offrono un'esperienza autentica e tranquilla. La natura italiana è altrettanto straordinaria. Le Dolomiti, il Lago di Garda e la Costiera Amalfitana attirano visitatori da tutto il mondo. Questi luoghi sono ideali per chi ama il trekking, il relax o la fotografia. Un altro aspetto unico del turismo italiano è la cucina. Ogni regione ha piatti e vini tradizionali da scoprire. Percorsi enogastronomici, come la Strada del Vino in Toscana, sono perfetti per gli amanti del cibo.

Infine, il turismo sostenibile sta diventando sempre più importante in Italia. Città come Venezia stanno lavorando per proteggere il loro patrimonio culturale e naturale, garantendo un futuro migliore per il turismo.

## Nuovo vocabolario:

**Meta:** luogo verso cui si viaggia.

**Borgo:** piccolo paese antico

**Trekking:** camminata sportiva nella natura.

**Patrimonio:** beni culturali o naturali importanti per l'umanità.

**Enogastronomico:** legato al cibo e al vino.

# Esercizi:

### 1. Domande di comprensione:

Quali città italiane sono famose per l'arte e la storia?

_____

Cosa si può fare nelle Dolomiti?

_____

Cos'è un percorso enogastronomico?

_____

Perché Venezia promuove il turismo sostenibile?

_____

### 2. Vero o falso:

Il Colosseo si trova a Firenze.

Venezia promuove il turismo sostenibile.

I borghi italiani sono famosi per il turismo lento.

Le Dolomiti si trovano al sud dell'Italia.

### 3. Completa le frasi:

Alberobello è un _____ famoso in Italia.

Il Colosseo è un _____ dell'UNESCO.

La Strada del Vino in Toscana è un percorso _____.

## Sezione culturale: I borghi italiani

I borghi italiani sono piccoli paesi ricchi di storia e tradizione. Ogni borgo ha qualcosa di unico da offrire: vicoli stretti, case antiche e una vista mozzafiato. Visitare un borgo significa scoprire la vera anima dell'Italia, lontano dal caos delle grandi città.

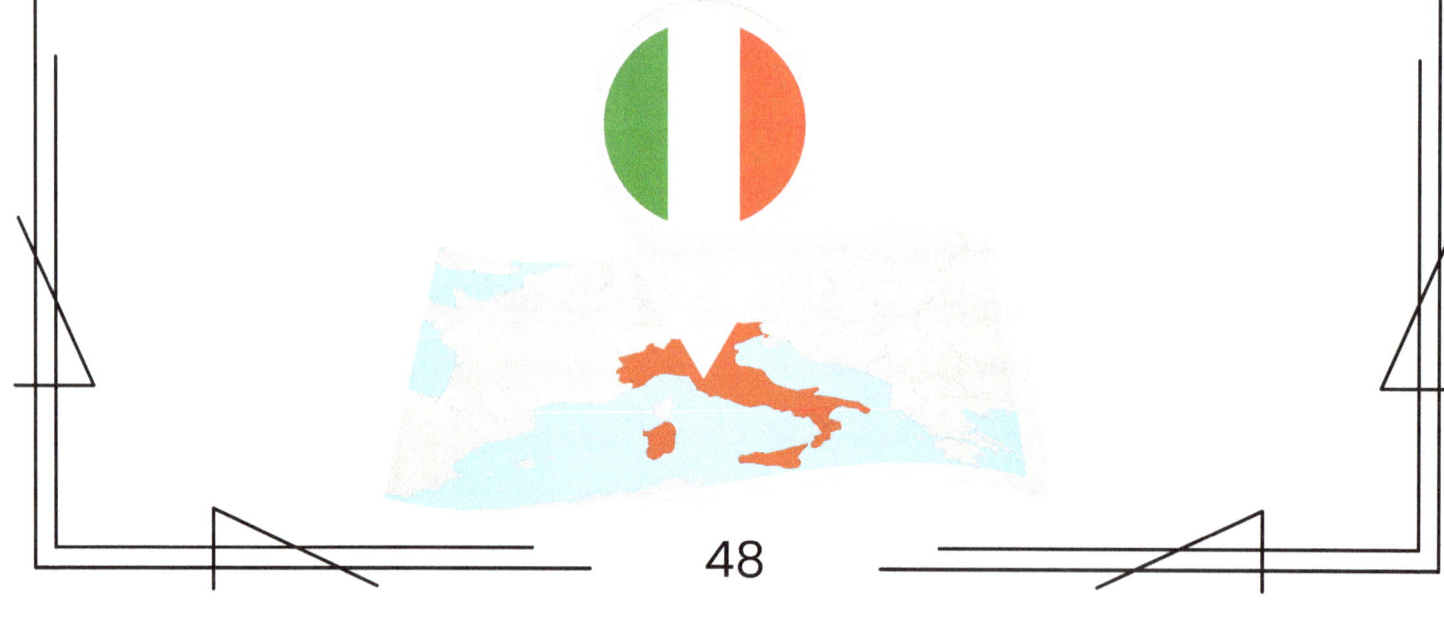

# CAPITOLO 23: I MESTIERI ITALIANI

L'Italia è famosa per i suoi mestieri tradizionali, che uniscono creatività, abilità manuale e una lunga storia. I maestri artigiani italiani sono veri artisti che creano oggetti unici, spesso fatti a mano, usando tecniche tramandate da generazioni.

Uno dei mestieri più famosi è quello dei vetrai di Murano, un'isola vicino a Venezia. Qui, i maestri vetrai lavorano il vetro per creare vasi, lampade e gioielli di straordinaria bellezza. Questa tradizione risale al Medioevo, e oggi il vetro di Murano è conosciuto in tutto il mondo.

Un altro mestiere importante è quello dei ceramisti di Deruta, una città in Umbria famosa per la produzione di ceramiche decorate a mano. I ceramisti usano colori vivaci e disegni tradizionali per creare piatti, vasi e oggetti decorativi.

In Toscana, troviamo i pellettieri, artigiani che lavorano il cuoio per creare borse, cinture e scarpe di alta qualità. A Firenze, i laboratori di pelletteria sono una delle attrazioni più amate dai turisti.

I mestieri tradizionali italiani non sono solo un lavoro, ma un'arte che racconta la cultura e la storia del paese. Visitare un laboratorio artigianale è come fare un viaggio nel tempo, per scoprire un lato autentico dell'Italia.

## Vocabolario nuovo:

**Artigiano**: una persona che crea oggetti fatti a mano.

**Vetro:** un materiale trasparente e fragile usato per fare oggetti come bicchieri e lampade.

**Ceramica**: un materiale fatto di argilla, usato per creare piatti e oggetti decorativi.

**Pelletteria**: l'arte di lavorare il cuoio per creare borse, cinture o scarpe.

**Tecnica**: un metodo o un modo specifico per fare qualcosa.

## Esercizi:

### 1. Domande di comprensione:

Dove si trovano i famosi vetrai?
_____

Quali oggetti producono i ceramisti di Deruta?
_____

Cosa fanno i pellettieri in Toscana?
_____

Perché i mestieri tradizionali sono importanti per la cultura italiana?
_____

### 2. Vero o falso:

Il vetro di Murano è prodotto a Firenze.
I ceramisti di Deruta decorano a mano i loro prodotti.
La pelletteria è famosa in Toscana.
Gli artigiani italiani lavorano solo con macchine moderne.

### 3. Completa le frasi:

I vetrai di Murano creano oggetti di _____ trasparente.
La ceramica di Deruta è decorata con colori _____.
I pellettieri lavorano il _____ per fare borse e cinture.

## Sezione culturale: L'artigianato italiano oggi

Oggi, l'artigianato italiano è molto apprezzato nel mondo. Gli artigiani italiani continuano a usare tecniche tradizionali per creare oggetti unici. In molte città, ci sono mercati dove è possibile vedere come lavorano gli artigiani. Per esempio, a Firenze, mercati dedicati alla pelletteria e alla lavorazione del cuoio. A Venezia, invece, le botteghe dei vetrai di Murano. Gli artigiani italiani continuano a essere un simbolo di qualità e passione. Grazie a loro, le tradizioni antiche vivono ancora oggi

# CAPTOLO 24. LE INVENZIONI ITALIANE

L'Italia è famosa non solo per l'arte e la cultura, ma anche per le sue grandi invenzioni. Gli italiani, con il loro ingegno e creatività, hanno dato al mondo idee che hanno cambiato la storia.

Uno dei più grandi inventori italiani è stato Leonardo da Vinci. Oltre a essere un famoso artista, Leonardo ha progettato macchine volanti, ponti e strumenti per il volo umano. Anche se molte delle sue invenzioni non furono costruite durante la sua vita, le sue idee sono considerate un punto di partenza per molte tecnologie moderne. Nel XX secolo, Guglielmo Marconi ha rivoluzionato le comunicazioni. Grazie alle sue invenzioni, come il telegrafo senza fili, è stato possibile trasmettere messaggi a grandi distanze. Marconi è spesso chiamato il padre della radio.

Un'altra invenzione importante è la pila elettrica, creata da Alessandro Volta nel XVIII secolo. La pila di Volta è stata il primo dispositivo a produrre energia elettrica continua, un'invenzione fondamentale per la scienza e la tecnologia. In tempi più recenti, gli italiani hanno contribuito al mondo con innovazioni nel design automobilistico. Marchi come Ferrari, Lamborghini e Fiat sono famosi per le loro automobili eleganti e tecnologicamente avanzate. Le invenzioni italiane dimostrano che il genio e la passione possono cambiare il mondo.

## Vocabolario nuovo:

**Invenzione:** una nuova idea o oggetto creato per risolvere un problema o migliorare la vita.

**Telegrafo:** un dispositivo per inviare messaggi a distanza usando segnali elettrici.

**Ingegno:** la capacità di trovare soluzioni creative e innovative.

**Prototipo:** il primo modello di un'invenzione usato per testare un'idea.

**Dispositivo:** un oggetto o uno strumento creato per uno scopo specifico.

## Esercizi:

### 1. Domande di comprensione:

Quale invenzione ha creato Alessandro Volta?
___

Chi è conosciuto come il padre della radio?
___

Cosa ha progettato Leonardo da Vinci oltre alle sue opere d'arte?
___

Quali marchi italiani sono famosi per il design automobilistico?
___

### 2. Vero o falso:

Guglielmo Marconi ha inventato il telefono.
La pila di Volta produceva energia elettrica continua.
Leonardo da Vinci ha costruito le sue macchine volanti.
Ferrari e Lamborghini sono marchi di automobili italiane.

### 3. Completa le frasi:

Alessandro Volta ha inventato la _____ elettrica.
Marconi è conosciuto come il padre della _____.
Leonardo da Vinci ha progettato _____ e macchine volanti.

## Sezione culturale:

L'Italia e l'innovazione

Oltre alle invenzioni storiche, l'Italia continua a essere un paese innovativo. Nel campo della moda, del design e dell'architettura, gli italiani sono riconosciuti per il loro stile unico. Inoltre, l'Italia è all'avanguardia nel settore alimentare, con macchinari avanzati per la produzione di pasta, vino e olio d'oliva. L'innovazione italiana dimostra che il passato e il presente possono convivere, unendo tradizione e tecnologia per creare un futuro migliore.

# TEST FINALE!

Benvenuto al test finale! Questo è il momento di mettere alla prova le tue conoscenze sulla lingua e cultura italiana. Segui le istruzioni qui sotto e scopri quanto hai imparato!

**Tempo** ⏱ : 30 minuti

**Valutazione** 📝: 26–30 punti: Sei un vero esperto della cultura italiana!
20–25 punti: Hai fatto un buon lavoro, ma puoi migliorare!
15–19 punti: Buon tentativo! Hai una base solida.
Meno di 15 punti: Non ti arrendere! Rileggi i capitoli e riprova.

### Buona fortuna! 🍀

**1. Cosa rappresentano i colori della pizza Margherita?**
a. Le stagioni d'Italia
b. La bandiera italiana
c. La pace mondiale
d. Le tradizioni italiane

**2. Qual è il soprannome di Roma?**
a. La città dell'amore
b. La città eterna
c. La città sull'acqua
d. La città delle luci

**3. Qual è il dolce tipico di Natale in Italia?**
a. Colomba
b. Panettone
c. Cannoli
d. Gelato

**4. Chi ha scritto "La Traviata"?**
a. Giuseppe Verdi
b. Giacomo Puccini
c. Andrea Bocelli
d. Luciano Pavarotti

**5. Dove si trova il famoso anfiteatro Colosseo?**
a. Firenze
b. Venezia
c. Roma
d. Milano

**6. Qual è un'opera famosa del Neorealismo italiano?**
a. La Dolce Vita
b. Ladri di biciclette
c. Il Gattopardo
d. La Vita è Bella

**7. Come si chiama il caffè pagato per un'altra persona?**
a. Caffè latte
b. Caffè sospeso
c. Caffè ristretto
d. Caffè lungo

**8. Qual è il simbolo della moda italiana?**
a. Haute Couture
b. Made in Italy
c. Fast Fashion
d. Pret-a-porter

**9. Qual è un piatto tipico delle Alpi italiane?**
a. Risotto
b. Polenta
c. Pizza
d. Gelato

**10. Perché Venezia è unica al mondo?**
a. Per i suoi ponti e canali
b. Per i suoi grattacieli
c. Per i suoi mercati di pesce
d. Per il suo vino

**11. Qual è il nome della regione famosa per il vino Chianti?**
a. Toscana
b. Piemonte
c. Sicilia
d. Lombardia

**12. Qual è il simbolo della musica lirica italiana?**
a. Il teatro di Milano
b. Il teatro La Scala
c. Il teatro di Firenze
d. Il teatro San Marco

**13. Qual è una festa importante in Italia durante agosto?**
a. Natale
b. Carnevale
c. Ferragosto
d. Pasqua

**14. Qual è il simbolo della bandiera italiana?**
a. Verde, rosso e blu
b. Verde, bianco e rosso
c. Verde, giallo e rosso
d. Verde, nero e rosso

**15. Chi è considerato l'eroe dell'unità d'Italia?**
a. Giuseppe Garibaldi
b. Leonardo da Vinci
c. Michelangelo
d. Dante Alighieri

**16. Qual è una caratteristica della dieta mediterranea?**
a. Cibi freschi e naturali
b. Solo carne e pesce
c. Cibi importati dall'estero
d. Uso di alimenti congelati

**17. Cosa si celebra durante Pasqua in Italia?**
a. La nascita di Cristo
b. La resurrezione di Cristo
c. La festa della primavera
d. La vendemmia

**18. Dove si trova il Lago di Garda?**
a. Al sud dell'Italia
b. Al centro dell'Italia
c. Al nord dell'Italia
d. Nelle isole italiane

**19. Chi ha dipinto "L'Ultima Cena"?**
a. Leonardo da Vinci
b. Michelangelo
c. Raffaello
d. Botticelli

**20. Qual è il principale ingrediente della pasta al pesto?**
a. Basilico
b. Pomodoro
c. Funghi
d. Formaggio

**21. Qual è il dolce tipico della Pasqua italiana?**
a. Tiramisu
b. Colomba
c. Panettone
d. Cannoli

**22. Qual è il soprannome della nazionale di calcio italiana?**
a. Gli Azzurri
b. I Verdi
c. Gli Rossi
d. I Neri

**23. Chi è conosciuto come il "padre della lingua italiana"?**
a. Dante Alighieri
b. Petrarca
c. Boccaccio
d. Leopardi

**24. Qual è la città italiana famosa per il Rinascimento?**
a. Venezia
b. Firenze
c. Roma
d. Milano

**25. Qual è il nome del festival cinematografico più famoso in Italia?**
a. Festival di Roma
b. Festival di Milano
c. Festival di Venezia
d. Festival di Torino

**26. Qual è un tipo di formaggio tipico italiano?**
a. Brie
b. Gorgonzola
c. Cheddar
d. Emmental

**27. Perché il Carnevale di Venezia è speciale?**
a. Per le sue maschere e i costumi
b. Per i suoi fuochi d'artificio
c. Per le sue sfilate di barche
d. Per i suoi concerti di musica moderna

**28. Qual è il significato di "cappuccino" in italiano?**
a. Una bevanda calda con latte e caffè
b. Una pasta dolce
c. Un tipo di formaggio
d. Una città famosa

**29. Qual è una danza tradizionale italiana?**
a. Tarantella
b. Flamenco
c. Tango
d. Polka

**30. Dove si trova la Torre Pendente?**
a. Firenze
b. Pisa
c. Roma
d. Milano

**RISULTATO TOTALE:** _____

## RISPOSTE CORRETTE ✅

| | | |
|---|---|---|
| 1. b | 11. a | 21. b |
| 2. b | 12. b | 22. a |
| 3. b | 13. c | 23. a |
| 4. a | 14. b | 24. b |
| 5. c | 15. a | 25. c |
| 6. b | 16. a | 26. b |
| 7. b | 17. b | 27. a |
| 8. b | 18. c | 28. a |
| 9. b | 19. a | 29. a |
| 10. a | 20. a | 30. b |

## MOTIVAZIONE!

Non importa quale sia stato il tuo punteggio, l'importante è che tu stia continuando a imparare e migliorare. Ogni passo che fai è un passo verso una maggiore padronanza della lingua e una connessione più profonda con la cultura italiana.

Ricorda, la chiave del successo è la costanza: piccoli progressi quotidiani portano a grandi risultati. Ogni errore è una lezione preziosa, ogni sforzo un investimento nel tuo futuro.

Continua a credere in te stesso, a leggere, esercitarti e scoprire nuove cose. La strada dell'apprendimento non ha fine, ma è proprio questo il suo fascino. Complimenti per il tuo impegno e buon proseguimento nel tuo viaggio!

www.ingramcontent.com/pod-product-compliance
Lightning Source LLC
LaVergne TN
LVHW080354070526
838199LV00059B/3813